AF226821

SOCIÉTÉ NATIONALE FRATERNELLE.

CAISSE GÉNÉRALE

DE

SECOURS MUTUELS.

Pétition présentée à l'Assemblée nationale

PAR

MM. Camus MUTEL et Henri PLACE,

PRÉCÉDÉE D'UNE

LETTRE DU GÉNÉRAL E. CAVAIGNAC.

PRIX : 5 CENTIMES.

PARIS

GIDE et J. BAUDRY, LIBRAIRES,

5, rue des Petits-Augustins ;

ET CHEZ LES PRINCIPAUX LIBRAIRES.

1849

-–o◈o–-

Cette pétition a été déposée sur le bureau de l'Assemblée
Législative par le général de division Eugène Cavaignac,
le 30 juin 1849, et a obtenu un tour de priorité pour le
rapport qui doit en être fait.

-–o◈o–-

LETTRE ADRESSÉE A M. LE GÉNÉRAL CAVAIGNAC

APRÈS LE DÉPÔT DE LA PÉTITION.

—c⊕o—

« MON GÉNÉRAL,

» Nous venons vous remercier du dépôt de notre pétition ayant pour but la création d'une association générale pour une caisse de secours mutuels sous la dénomination de Société nationale fraternelle.

» Il appartenait à votre cœur et à votre noble intelligence de prendre l'initiative d'un projet qui, nous n'en doutons pas, comblerait d'immenses misères et rendrait la sécurité à la société.

» Ce premier service rendu nous permet d'espérer votre puissant appui dans la discussion qui devra avoir lieu à l'Assemblée législative.

» Agréez, mon général, l'assurance de notre reconnaissance et de notre respect.

» H. PLACE. »

Paris, le 1ᵉʳ juillet 1849.

RÉPONSE DE M. LE GÉNÉRAL CAVAIGNAC.

« MON CHER MONSIEUR,

» Lorsque vous m'avez fait l'honneur
de vous adresser à moi pour m'exposer
vos idées, nous avons repassé ensemble
par la série des réflexions, des recherches,
des études qui vous avaient amené à voir,
dans la proposition que vous adressez à
l'Assemblée nationale, un moyen efficace
de répondre aux besoins qui tourmentent
et préoccupent le pays. Cet examen m'a
convaincu que si, dans le détail, il y avait
lieu à discuter, à modifier peut-être vos

idées, cependant vos travaux, vos efforts étaient inspirés par un amour sérieux du pays, étaient dirigés en vue de l'intérêt sérieux et général de la société elle-même.

» C'est à ce titre que je me suis trouvé empressé à vous prêter mon intervention comme représentant. Votre proposition n'est pas un cri de détresse poussé par la société demandant grâce, ce n'est pas une aumône jetée par le riche au pauvre pour obtenir un répit; c'est la nation qui, après avoir constaté sa force, sa puissance, son besoin de conservation, se recueille et discute pour adopter librement, spontanément, dans la plénitude de sa souveraineté, des mesures utiles, efficaces, conséquentes au principe de fraternité inscrit dans sa constitution, conséquentes aux devoirs d'assistance mutuelle que cette constitution lui trace.

» Telle est la pensée à laquelle je m'associe avec l'empressement d'un bon citoyen, à laquelle je donnerai autant qu'il sera en moi l'appui de la parole et de la discussion.

» Si votre proposition ne résout pas par elle-même toutes les difficultés de la situation actuelle, elle a pour avantage au moins de pourvoir, et dans le présent, et, jusqu'à un certain point, dans l'avenir, aux causes mêmes de trouble et de désordre qui ôtent à la société ce calme d'esprit, ce libre arbitre incontesté, incontestable, qui lui permettront de régler dignement, mûrement ses institutions en vue de ses besoins généraux et communs. C'est sous ce point de vue que je voudrais la voir envisagée et acceptée; c'est à ce titre que j'y donne mon appui personnel.

» Dans une crise douloureuse, j'ai été appelé à l'honneur de représenter momentanément le besoin de défense et de salut de la société; j'ai apporté dans l'accomplissement des devoirs qui en résultaient pour moi l'énergie d'une conviction qui subsiste tout entière. Je désire que le de-

voir plus facile que j'accomplis aujour-
d'hui exprime cette pensée, qui est la
mienne, à savoir que, si la société satis-
fait toujours, par cela même qu'elle vit et
qu'elle doit vivre, à ses besoins réels, à
ses conditions d'existence, elle n'a à subir
les conditions de qui que ce puisse être;
et qu'autant il serait dangereux et funeste
qu'elle abdiquât sa souveraineté, autant
il est grand et digne d'elle de veiller et de
pourvoir à la condition de ceux qui la
composent.

» Dans cette voie, vous trouverez, j'en
ai la certitude, accueil bienveillant dans
le pays, accueil bienveillant dans l'Assemblée nationale, dans le gouvernement de
la République, qui se livrent, vous le savez,
à des travaux sérieux et déjà productifs,
dans l'ordre d'idées que vous avez abordées.

» Recevez, mon cher Monsieur, l'assurance de mes sentiments bien affectueux.

» LE GÉNÉRAL E. CAVAIGNAC. »

Paris, 2 juillet 1849.

Une étude approfondie des misères du peuple, un dévouement sincère et désintéressé nous ont donné la conviction que nous avons trouvé une solution pratique aux principales questions qui s'agitent aujourd'hui.

Nous venons donc vous soumettre nos idées, et vous prier de nommer une commission spéciale pour les examiner.

Le mal est profond, citoyens Représentants, les misères sont immenses; il est

1.

urgent que le remède soit prompt. C'est
avec confiance que nous nous adressons
à l'Assemblée législative ; elle voudra répondre à un besoin de la nation en prenant
en considération un système large, fécond
et protecteur de tous les intérêts.

H. PLACE *,

Camus MUTEL **,

Ingénieur métallurgiste, ex-ouvrier,
contre-maître, directeur et fonda-
teur de plusieurs grandes manu-
factures en France.

* Rue de Bagnèux, 14.
** Rue du Cherche-Midi, 86.

PROJET D'ASSOCIATION

POUR

LA FORMATION D'UNE CAISSE GÉNÉRALE

DE

SECOURS MUTUELS.

***

CONSIDÉRATIONS GÉNÉRALES.

Depuis la révolution de février, tous les esprits sérieux se sont préoccupés des questions sociales et ont reconnu qu'elles dominaient les questions politiques. La politique, en effet, n'est pas un but, elle n'est qu'un moyen.

Malheureusement les hommes qui ont pris la qualification de socialistes ont effrayé, par leurs utopies et leur exagération, ceux qui voulaient sincèrement l'amélioration de la condition humaine; les intrigants ont captivé par leurs principes absurdes en réalité, mais séduisants en apparence, une grande partie de la population souffrante ; de sorte que la société, menacée dans tous ses intérêts, n'a dû songer qu'à se défendre contre les maximes qui veulent tout détruire, sans avoir la puissance de rien réédifier.

Cependant, au milieu de cette perturbation générale, il est demeuré un fait évident pour tous, même pour les plus rétrogrades : c'est qu'il y a quelque chose à faire et que certaines satisfactions doivent être accordées à des réclamations et à des besoins légitimes.

Or il est positif que la crise sociale qui nous menace si vivement aujourd'hui n'a pas une origine toute récente et qu'elle prend sa source dans une situation déjà ancienne. Cette situation était sentie par le gouvernement déchu ; mais une trop grande prospérité lui a fait apporter une mollesse impardonnable dans les remèdes qu'il aurait dû appliquer au mal.

Quelle est donc cette situation qui met aujourd'hui la société en péril ?

Elle peut se résumer en peu de mots ; car tout le danger provient de ce qu'une partie notable de la nation n'a pas un intérêt direct, palpable, évident à la conservation de l'ordre social.

Dans quelle position se trouvent en effet tous les individus dont la destinée est de gagner leur vie par le travail de leurs mains? Ils sont aujourd'hui dans la nécessité d'exister au jour le jour, sans avenir, sans lendemain, et toujours sous le coup de misères successives avec la perspective d'une vieillesse dénuée de ressources.

Pour nous convaincre de la vérité de cette assertion, examinons la position du travailleur, et, pour ne rien exagérer, prenons la moyenne qui lui sera la plus favorable.

Supposons qu'un ouvrier gagne 3 fr. 50 c. par jour et qu'il ait une femme et deux enfants; certes cet ouvrier peut vivre à son aise et faire même, s'il a de l'ordre, quelques économies. Mais sur douze mois de l'année il travaille neuf mois et a trois mois de chômage forcé. Il sera donc obligé de dépenser en temps de chômage les faibles économies qu'il aura faites pendant le travail; et, s'il survient une maladie dans la famille, il est évident que, les économies ne suffisant plus, cet homme sera obligé de s'endetter. Cette situation se renouvelant sans cesse, le découragement s'en mêle, l'espoir de pouvoir acquérir est toujours déçu, on se résigne à vivre au jour le jour, on songe à peine à faire les économies nécessaires pour suffire au temps de chômage, on renonce à une prévoyance qui devient inutile et on arrive promptement à une démoralisation complète.

Il résulte de là un profond dégoût: l'atelier, qui fournit à peine aux besoins journaliers, est pris en aversion; le patron est considéré comme un exploitant, et la société, qui en apparence ne fait rien pour améliorer un pareil état de choses, est en butte aux calomnies et devient l'objet d'une haine mortelle. Cependant cette société s'impose d'immenses sacrifices; et s'il ne lui en est pas tenu compte, c'est que ces sacrifices étant mal répartis, ne portent point de fruits salutaires. On ne calcule pas les sommes énormes qui sont données aux hôpitaux, aux bureaux de bienfaisance, aux institutions de charité qui fourmillent en France; ni les sacrifices que s'imposent les particuliers pour venir directement en aide aux malheureux, parce que le plus souvent ce sont les moins dignes d'intérêt qui puisent à ces sources bienfaisantes, tandis que les misères réelles et imméritées souffrent silencieusement pour ne pas avoir recours à une aumône qui les dégrade.

Ces faits étant compris, nous dirons que le problème à résoudre est celui-ci :

1° Donner à toutes les classes de la société un intérêt, sinon égal, du moins commun à la conservation de l'ordre social.

2° Créer des institutions qui mettent à l'abri de la misère tout individu intelligent ou laborieux qui ne demande qu'à gagner sa vie par le travail, des institutions qui stimulent et moralisent les classes pauvres en leur donnant les moyens d'acquérir et de se créer un avenir.

Pour arriver à un résultat si désirable, que faut-il faire ? Connaître d'abord les souffrances des classes laborieuses, examiner ensuite les moyens qu'elles ont employés elles-mêmes pour rendre leur position plus supportable.

Les causes de leurs souffrances sont celles-ci : la maladie, le chômage et la vieillesse.

Leurs moyens d'y remédier sont des caisses de secours mutuels.

C'est donc ce moyen qu'il s'agit tout simplement d'employer, en l'exploitant sur de meilleures bases et sur une plus grande échelle. Toute la question est là, elle résume le socialisme ; ce qui est en dehors n'est que rêverie et tombera de soi-même.

Nous venons de dire que les ouvriers avaient

fondé entre eux des caisses de secours mutuels;
il faut connaître quelle est la constitution de
ces associations. Il en existe près de 400 en
France. Les principales sont celles des char-
pentiers, des chapeliers et des cordonniers.
Les autres sont moins puissantes et moins
considérables, quoique établies sur des bases
analogues. Prenons pour exemple ces associations.

Elles ont créé des caisses de secours qui,
dans le principe, n'avaient d'autre but que de
venir en aide aux malades, aux vieillards, aux
infirmes et aux hommes sans ouvrage. Ces
caisses sont alimentées par les cotisations et
les retenues que s'imposent entre eux les
membres de l'association. La moyenne de
la retenue que subit chaque ouvrier est de
2 fr. 50 c. par mois, quel que soit le nombre
de ses journées de travail. En outre, chaque
ouvrier qui a chômé, et auquel *la mère* des
associations a procuré de l'ouvrage, doit payer
une somme de 6 francs en dehors de sa cotisation ordinaire.

Moyennant ces versements, l'ouvrier malade reçoit une somme de 2 francs par jour,
et on donne 1 fr. 50 c. par jour de chômage
pendant le premier mois, 1 franc pendant le

second et 75 centimes pendant le troisième et les suivants. L'ouvrier qui par suite de son âge ou de ses infirmités ne peut plus travailler, a droit à une pension qui varie de 50 à 150 fr., suivant les versements antérieurs qu'il a faits.

Enfin, l'ouvrier qui a reçu des secours de chômage doit en opérer le remboursement lorsque le chômage a cessé.

Les secours sont exclusivement distribués après enquête, sur l'avis d'une commission spéciale.

Nous devons ajouter que les secours donnés par ces associations seraient beaucoup plus abondants si l'on n'en était venu à faire des réserves considérables pour ce qu'on peut appeler le capital de guerre, et qui sert, lorsqu'il s'élève des contestations entre les patrons et les ouvriers, à solder ces terribles grèves dont on a vu de si déplorables exemples, et dont on doit, par tous les moyens, prévenir le retour.

En présence des résultats obtenus par ces associations particulières, alimentées par une seule source, la cotisation des ouvriers, nous n'hésitons pas à dire qu'une association générale à laquelle contribueraient les citoyens

de tout ordre et de tout état, pourrait rendre
d'immenses services et répondre aux besoins
réels des classes laborieuses. On arriverait à
une solution telle que tout individu, quelle
que fût la classe à laquelle il appartient, serait
en cas de revers à l'abri de cette ressource
honteuse et dégradante qu'on appelle l'aumône.

Il s'agit donc, pour rendre la sécurité à la
société, de former une association générale
qui ne sera autre chose qu'une assurance mutuelle contre la misère.

Tout citoyen sera dans l'obligation de co-
opérer à la formation du fonds de secours, les
uns suivant leur fortune, les autres suivant
leur travail. Les travailleurs, quel que soit leur
état, devront contribuer pour un tant pour 100
sur leur salaire. Nous avons fait nos calculs
pour que les versements des ouvriers soient en
moyenne de 12 francs par an, tandis qu'il est
aujourd'hui de 24 à 30 francs pour ceux qui
font partie des associations que nous avons
citées comme exemple.

Or, comme les individus qui gagnent leur
vie manuellement sont environ au nombre de
10 millions en France, chacun d'eux versant
12 francs par an, nous aurions, par leur seule

cotisation, un premier fonds annuel de 120 millions.

Les industriels employant des ouvriers devraient contribuer pour 5 centimes par jour de travail et par chaque ouvrier.

Les maîtres pour 5 centimes par jour pour chaque domestique, ce qui nous donnerait une seconde partie du fonds social qui serait aussi de 120 millions environ.

Somme égale à ces deux sources de revenu. 240,000,000

Enfin un impôt dont la forme sera déterminée, et qui pèserait uniquement sur les propriétaires, les rentiers, les patentés et tous ceux qui exercent des professions libérales, devrait fournir une somme égale de. . 240,000,000

ce qui donnerait un total de 480,000,000 formant le budget social de chaque année.

La recette annuelle serait donc de 480 millions.

Pour arriver à nous faire une idée incomplète sans doute, mais aussi exacte que possible des charges de l'association, nous prendrons pour base la moyenne de la plus large

des associations dont nous avons parlé pré-
cédemment. Cette moyenne donne 1 p. 100
pour les malades, 2 p. 100 pour les vieillards
à secourir, 3 p. 100 pour les ouvriers en chômage. En prenant ces bases pour opérer sur
10 millions de travailleurs, nous arrivons aux
résultats suivants :

1 malade sur 100 donne 100,000 individus
sur 10 millions; ils occasionnent une dépense
de 2 fr. par jour par chaque individu, soit par
an. 73,000,000
  2 vieillards sur 100 donnent
200,000 individus qui, à 1 fr.
par jour, donnent une dépense
annuelle de. 73,000,000
  3 individus en chômage sur
100 font 300,000 individus qui,
à 2 fr. par jour, donnent une
dépense annuelle de. 219,000,000

Total de la dépense. 365,000,000

Mais sur les 219 millions que
nous donnerions aux travailleurs en chômage, la moitié devrait être remboursée lors de la
reprise des travaux; il y a donc

Report de la dépense. 365,000,000

à déduire de la dépense annuelle une somme de 109 millions qui ne seraient donnés qu'à titre d'avances, soit 109,000,000

Resterait donc en dépense réelle. 256,000,000

La recette générale étant de 480,000,000

La dépense de. 256,000,000

Chaque année la différence des recettes sur les dépenses se-rait de. 224,000,000

Cette somme résultant de l'excédant des re-cettes servirait : 1° à former une réserve ; 2° à créer des écoles professionnelles pour l'in-dustrie et l'agriculture. Enfin, une somme aussi considérable peut servir à combler les erreurs de nos calculs si, contre toute proba-bilité, les secours à accorder étaient plus im-portants que nous ne l'avons indiqué.

Avant d'aller plus loin, nous commence-rons par établir et par prouver que les sacri-fices que nous demandons à la société pour l'association dont il s'agit, sacrifices qui, au premier abord, peuvent paraître exorbitants, ne sont pas au-dessus de ceux qu'elle fait aujourd'hui. En effet, on peut dire sans exagération qu'il y a en France depuis la révolution de février plus de 4 millions d'individus qui ne peuvent pas gagner leur vie par suite de la suspension des affaires ; il n'y à donc rien d'exagéré non plus à porter les secours donnés à chaque individu à 25 centimes par jour, ce qui donne une dépense de 1 million par jour, soit 365 millions par an. Nous savons que cette position est exceptionnelle, mais en temps ordinaire même, la somme fournie par la charité publique ou privée dépasse 200 millions. Seulement ces sacrifices immenses sont mal distribués, deviennent, dans la plupart des cas, des primes données au vice et à la paresse, et arrivent toujours au secours des malheureux sous la forme humiliante de l'aumône.

En outre, comme nous avons la conviction qu'en formant un pareil fonds social nous arriverions à rendre le calme aux esprits et la sécurité à la société, les sacrifices demandés soit aux propriétaires, soit aux hommes qui exercent des professions libérales, seraient largement compensés. Quel est, en effet, le propriétaire, le banquier, l'homme d'affaires, l'agent de change, l'officier ministériel ou le négociant qui ne consentirait volontiers à faire don d'une somme quelconque pour être assuré d'un avenir qui lui permettra de rendre à son immeuble son ancienne valeur, de percevoir ses revenus ou de faire ses affaires avec sécurité et confiance ?

Eh bien ! sans avoir l'exorbitante prétention de faire descendre sur la terre un bonheur absolu et une paix inaltérable, nous croyons qu'avec un système de conciliation, comme celui que nous proposons, nous arriverons à détruire le germe de guerre sociale qui existe aujourd'hui en prouvant aux masses que cette classe bourgeoise, cette aristocratie financière, qu'on leur signale comme un composé d'égoïstes et d'exploitants, est toute disposée à leur venir en aide.

Cette institution fraternelle, répondant aux réclamations légitimes de tous ceux qui souffrent, ramènera le calme et l'union et donnera à chacun un intérêt commun à la conservation de l'ordre social.

C'est alors que la société aura largement rempli ses devoirs, et qu'elle sera dans le droit d'agir avec la dernière rigueur et dictatorialement contre les hommes qui voudraient troubler son repos. L'intrigue ou l'esprit de désordre seraient alors leur seul mobile, et ils ne pourraient plus exploiter au profit de l'émeute cette misère qui, aujourd'hui, n'est que trop réelle et qui porte tant de gens égarés au désespoir et au crime.

Nous disions plus haut que le peuple aurait un intérêt direct à la conservation de l'ordre social; supposons, en effet, que notre projet soit mis à exécution, et que l'association proposée soit mise en œuvre ; cette association aurait chaque année un budget dont les quatre cinquièmes seraient dépensés, et dont un cinquième seulement serait mis en réserve pour les circonstances extraordinaires et placé en valeurs soumises aux fluctuations du crédit, telles que rentes sur l'État, bons du trésor, actions de la banque, obligations des villes, etc...... Pense-t-on que la masse du peuple ne comprendra pas alors qu'il est de son intérêt de veiller à la tranquillité publique, de la défendre, lorsqu'elle aura devant les yeux la preuve certaine que non-seulement toute émeute, toute révolution arrêteraient les travaux qui le font vivre temporairement, mais encore tariraient la source de l'avenir que la société lui garantit? Mettant donc de côté toute reconnaissance (et cependant le peuple est reconnaissant), l'intérêt matériel sera suffisant pour consolider la société et unir entre elles, par un lien indissoluble, toutes les classes qui, aujourd'hui, se font une guerre désespérée.

Nous ajouterons, enfin, que ce système serait d'autant mieux accueilli par les travailleurs, qu'il ne les sortira pas de leurs habitudes, qu'il ne leur imposera aucun sacrifice nouveau, mais qu'il viendra seulement donner plus d'extension et plus de fécondité aux moyens employés aujourd'hui par les corporations bien organisées.

En conséquence, nous proposons que l'Assemblée législative mette sous la protection de l'État une association générale de secours mutuels, et vote les lois de finances qui seront nécessaires à son existence.

Les bases fondamentales de cette association seront celles ci-après :

PROJET DE LOI.

1

Il sera formé en France une association générale de secours mutuels sous la dénomination de *Société nationale fraternelle*.

Cette association sera mise sous la protection de l'État et sous sa surveillance.

2

L'association a pour but de venir en aide à tous les citoyens nécessiteux qui auront contribué à la formation du fonds social, et de leur donner des secours en cas de maladie, en temps de chômage, ou lorsqu'ils auront atteint un âge où ils ne pourront plus travailler.

Les indemnités données en cas de chômage ne seront accordées que sur l'avis d'une commission spéciale, composée d'ouvriers, et seront toujours proportionnées aux versements antérieurs faits au profit de l'association par l'individu qui réclamera ce secours. Les versements seront constatés par un livret d'association dont tout associé devra être porteur.

Les pensions de retraite données aux vieillards et aux infirmes seront soumises aux mêmes formalités et aux mêmes règles.

Les indemnités de chômage devront être remboursées au moins en partie à l'association lorsque le chômage aura cessé.

Lorsqu'un associé décédera en laissant des enfants en bas âge, ses versements à la caisse sociale profiteront à ces enfants, qui resteront à la charge de l'association.

3

Pour pourvoir au service des différents secours dont il vient d'être parlé, il sera créé au profit de l'association un budget particulier.

Tous les citoyens, sans exception de classe ou de profession, devront y contribuer.

Les propriétaires et les rentiers proportionnellement à leur revenu.

Les hommes d'affaires et les négociants proportionnellement au chiffre de leurs affaires.

Les employés proportionnellement au chiffre de leurs appointements.

Les travailleurs proportionnellement à leurs salaires.

Des lois de finances spéciales établiront ces différents impôts et leur mode de perception.

4

Le budget de l'association sera dépensé tous les ans, sauf l'exception suivante : un cinquième de ce budget sera annuellement mis en réserve pour les cas extraordinaires. Cette réserve sera placée en valeurs de crédit, telles que rentes sur l'État, bons du trésor, actions de la banque, obligations des villes, etc.

Le capital de réserve ne pourra pas dépasser le chiffre d'un milliard.

Lorsque ce chiffre sera atteint, on réduira le budget de l'association à la somme nécessaire aux dépenses annuelles.

5

Il sera accordé à la Société nationale fraternelle le privilége d'émettre des bons de circulation pour une somme égale à celle de sa réserve.

L'association pourra, au moyen de ses bons de circulation, venir au secours des petits agriculteurs, en leur prêtant à bas intérêt des sommes qui ne pourront atteindre un chiffre supérieur à celui de 10,000 fr. Ces prêts ne seront faits que sur hypothèque et ne dépasseront pas la moitié de la valeur de la propriété hypothéquée. Ils seront remboursables par annuités.

Nota. L'agriculture est dévorée par l'usure ; le meilleur moyen de lui assurer les bras dont elle a besoin est de la mettre dans de bonnes conditions en la soustrayant à ces charges onéreuses.

6

L'association sera sous la surveillance de l'État ; néanmoins l'administration en restera indépendante.

Les agents financiers de l'État devront faire les recettes budgétaires de l'association sans prélever d'autres droits que ceux nécessaires à l'augmentation de leur personnel.

Les fonds de l'association seront déposés, jusqu'à leur emploi, soit dans les caisses de l'État, soit dans celles de la banque de France.

Le siége central de l'administration sera à Paris.

Dans chaque chef-lieu de département il y aura un conseil supérieur d'administration.

Ces conseils seront composés par les membres des conseils généraux, présidés par les préfets comme présidents et par les maires comme vice-présidents.

Dans chaque chef-lieu d'arrondissement il y aura un conseil ordinaire.

Ces conseils seront composés par les conseillers municipaux présidés par les maires.

Il y aura pour le département de la Seine quatorze conseils ordinaires d'administration.

Les conseils ordinaires seront assistés par une commission composée d'ouvriers nommés par l'élection, et qui seront chargés d'examiner les demandes de secours adressées à l'association.

Toutes les fonctions de l'administration seront purement honorifiques, à l'exception de celles qui seront remplies par des ouvriers. Ceux-ci auront pour chaque jour consacré au service de l'association une rétribution égale à leur salaire habituel.

7

Les industriels qui auront besoin d'ouvriers, les ouvriers qui auront besoin d'ouvrage, devront adresser leurs demandes respectives aux conseils d'administration.

Les ouvriers qui seront dirigés par l'association d'un point du territoire sur un autre pour y trouver de l'ouvrage, pourront, s'il y a lieu, recevoir une indemnité de route.

Nota. Cette mesure est d'une grande importance pour éviter sur un même point l'agglomération d'hommes inoccupés. Il arrive fort souvent aujourd'hui que des industriels manquent des bras qui leur sont nécessaires, lorsque pourtant beaucoup des ouvriers qu'ils pourraient occuper sont sans ouvrage. Ce fait est le résultat d'une mauvaise organisation. Par suite d'une correspondance bien établie, cet inconvénient serait détruit.

Si nous voulons améliorer la condition des ouvriers, nous voulons en même temps donner à la société des garanties d'ordre et de sécurité. A côté d'un droit, nous entendons établir un devoir.

L'ouvrier sans ouvrage devra donc consentir à un déplacement lorsqu'il sera nécessaire. Son refus lui ferait perdre son droit à l'indemnité de chômage.

8

Il sera créé des conseils industriels dans chaque département.

Ces conseils, composés des industriels les plus notables des départements, devront établir des statistiques aussi exactes que possible, sur l'état des différentes industries de leurs départements, et sur le nombre d'ouvriers de chaque profession.

Ces conseils devront se réunir tous les trois

mois et faire leurs rapports aux conseils supérieurs d'administration de l'association. Ces rapports devront être publiés.

Nota. Aujourd'hui l'industrie n'a aucune donnée certaine sur laquelle elle puisse s'appuyer, aucun renseignement qui fasse connaître quelle est la partie qui excède sa fabrication, ou celle qui ne fournit pas assez. Lorsque les conseils industriels seront en activité, les capitaux pourront s'engager dans l'industrie avec plus de confiance et de sécurité, en connaissant la situation vraie de chaque fabrication. Ces conseils seront donc évidemment d'une grande moralité et la source d'une prospérité nouvelle.

9

Les salaires seront libres et débattus de gré à gré entre les ouvriers et les patrons.

Cependant, en cas de contestation, les salaires seront fixés par des syndicats qui devront être organisés dans chaque corporation. Ces syndicats devront, en outre, fixer le minimum des salaires qui seront accordés aux ouvriers les plus faibles et les moins capables.

10

Toute contestation qui aura pour objet soit l'exécution des travaux, soit des différends survenus entre des patrons et des ouvriers, sera jugée par des tribunaux composés par des règlements ultérieurs, de manière que, d'une part, dans ces sortes de procès la justice soit rendue gratuitement, que d'autre part elle le soit par des hommes compétents et spéciaux.

11

Les militaires seront réputés faire un versement annuel de 12 fr. par an au profit de l'association pendant le temps qu'ils passeront sous les drapeaux. Leur livret d'association sera crédité de cette somme, qui leur donnera des droits égaux à ceux dont jouiront les individus qui auront fait ce versement effectif.

12

Il sera créé une décoration d'honneur d'ordre civil, qui sera destinée à récompenser les services rendus à la prospérité et à la gloire industrielle de la France.

Cette décoration sera donnée aux ouvriers qui, par leur conduite régulière et leur aptitude, se seront fait constamment distinguer.

Telles sont les idées fondamentales qui nous ont été suggérées d'une part par la situation, d'autre part par un contact continuel avec les ouvriers.

Ces idées seraient accueillies avec reconnaissance par toute la population laborieuse, et si elles étaient mises en lumière, nous ne craindrions pas de promettre de les faire appuyer par un nombre considérable de noms mis au bas d'une pétition spéciale.

Elles peuvent paraître au premier abord d'une exécution difficile; mais tout ce qui est grand présente des difficultés, et nous disons qu'on ne doit pas être arrêté par des difficultés, lorsqu'il s'agit de rendre un immense service à l'humanité et lorsqu'on est mû par des considérations sociales de l'ordre le plus élevé.

D'ailleurs, nous le répétons, la plupart de ces idées sont déjà mises en pratique par les ouvriers ; elles sont donc applicables. Nous n'en demandons que le développement et la généralisation.

En nous plaçant sur ce terrain, il nous semble incontestable que nous devons au moins forcer à la discussion les hommes sérieux et réellement dévoués ; car la question se réduit à ceci : étant donné un cercle d'un mètre de diamètre peut-on lui en donner cent?

Nous espérons prouver par la discussion que la solution du problème est possible, et nous avons la conviction que nous ferons ressortir la vérité de nos principes et la fécondité de leur application.

PARIS — IMPRIMÉ PAR E. THUNOT ET Cᵉ, 28, RUE RACINE.